AF313026

NOTICE

SUR

QUELQUES VASES ANTIQUES D'ARGENT,

FAISANT PARTIE D'UNE COLLECTION D'OBJETS DE CE MÉTAL,

RÉCEMMENT TROUVÉE PRÈS DE BERNAY, EN NORMANDIE,

ET ACQUISE PAR LE CABINET DES ANTIQUES DE LA BIBLIOTHÈQUE DU ROI.

Extrait du Journal des Savans, Juillet et Août 1830.

PEU de découvertes d'objets antiques ont offert autant d'importance et d'intérêt, sous tous les rapports qui peuvent recommander des monumens d'antiquité figurée, que celle de la collection dont nous allons présenter un compte sommaire à nos lecteurs. Trouvés en un champ de notre ancienne province de Normandie, dans un lieu où il n'existe aucun vestige de constructions antiques, la découverte même de ces objets, avec toutes les circonstances dont elle a été accompagnée (1), peut passer pour un des plus singuliers et des plus fortunés coups de hasard qui aient signalé une époque d'ailleurs si féconde en découvertes heureuses. C'est un vrai phénomène archéologique, qu'un dépôt, formé à une époque plus ou moins reculée de l'antiquité, et composé de nombreux vases et ustensiles d'argent, quelques-uns du premier ordre sous le rapport de l'art, tous plus ou moins curieux par le style, par les sujets, par les inscriptions, par la matière même, dont on possède encore si peu d'objets, ou par la fabrication, dont on ne connoissoit rien d'aussi parfait dans ce genre, qu'un pareil dépôt, disons-nous, arrivé jusqu'à nous à-peu-près intact. Tant de motifs d'étude et d'intérêt se trouvent donc ici réunis, qu'il seroit impossible de les présenter tous, en ce moment, avec le développement nécessaire. Notre intention étant d'ailleurs de publier tous

---

(1) J'ai donné les détails de cette découverte, dans un rapport fait à l'Académie des inscriptions et belles-lettres, en sa séance du 2 juillet.

I

les objets de cette collection, acquise en entier, par nos soins, pour le cabinet des antiques de la Bibliothèque du Roi, nous devons réserver pour un travail particulier les détails et les notions de toute espèce que comporte l'interprétation de ces monumens (1). Nous nous bornerons, quant à présent, à une indication succincte de quelques-uns de ces monumens, et nous la ferons précéder de quelques observations générales.

Dans l'ignorance complète où nous sommes restés sur l'époque à laquelle appartient le dépôt en question, sur ses auteurs et sur ses motifs, tout ce que l'on peut présumer de plus probable, à notre avis, c'est que ce dépôt avoit été formé précipitamment, sans doute dans ces temps de trouble et d'inquiétude qui accompagnèrent la chute du polythéisme. Les objets dont il se compose avoient certainement fait partie du *trésor* d'un temple de Mercure, d'après l'usage antique attesté par tant de témoignages, et sur-tout par les inscriptions du temple d'Amphiaraüs à Orope (2, de ceux de l'Acropole d'Athènes (3), d'Apollon à Délos (4), et de Jupiter Panhellenius à Égine (5), de conserver dans les temples une foule de vases, d'ustensiles et d'objets divers, de métal précieux, que la piété des particuliers y avoit consacrés, pour servir à l'ornement du lieu saint, plus encore qu'à l'usage du culte, et qui étoient exposés sur des *tables* (6), dans les jours de solennité. Ceux dont il s'agit ici, offerts en différens temps, de la main de plusieurs particuliers, partie votifs, partie usuels, nous représentent, par leur masse, par leur nombre, par leur fabrication, par leurs sujets, et par leurs inscriptions, une longue période de l'art et de la religion antiques, renfermée, suivant toute apparence, entre le siècle des successeurs d'Alexandre et le troisième siècle de notre ère. Quelques-uns de ces objets sont du style grec le plus pur, du travail grec le plus exquis ; tous se rapportent aux croyances grecques, héroïques ou religieuses ; tous sont traités dans le costume grec, jusque dans les plus petits détails ; presque tous enfin portent des inscriptions relatives à Mercure, et toutes ces inscriptions, tracées en caractères de forme et d'époque différentes, sont latines, avec des noms exclusivement

(1) Je dois prévenir que des lithographies qui viennent d'être publiées d'après des dessins faits sur les lieux, ne !donnent qu'une idée très-imparfaite et très-fautive, sous tous les rapports, des monumens qu'elles représentent, et qui sont loin, d'ailleurs, de former la totalité des objets trouvés. — (2) Osann, *Syllog. inscript.* I, 74 sqq. — (3) Boeckh, *Corp. inscript.* n.° 137, p. 183 et sqq. — (4) Idem, *ibid.* n. 159, p. 260. — (5) K. Ott. Müller, *Æginet.* p. 160. — (6) Osann, *Syllog. inscript.* 217.

romains et gaulois : d'où il suit irrésistiblement que les monumens en question, travaillés dans les ateliers mêmes de la Grèce, ou produits sous l'influence directe de ses doctrines, à une époque romaine, avoient fini, sans doute après de longues migrations, peut-être même après plusieurs successions héréditaires, au sein de familles opulentes, par être consacrés, de la main de riches citoyens romains de la Gaule, dans quelque temple célèbre de Mercure. Le beau vase que nous décrirons, sous le n.° 10, paroît avoir été dans ce dernier cas, c'est à savoir, qu'il servit sans doute long-temps, dans quelque grande maison romaine, à un usage domestique, jusqu'au moment où la piété du propriétaire en disposa pour orner le trésor d'un temple de Mercure.

J'ai dit que ce dépôt avoit dû être formé précipitamment, à l'époque où le paganisme en décadence cherchoit à soustraire les élémens les plus précieux de son culte à l'aversion active et puissante des nouveaux Chrétiens. Il semble en effet que le trésor dont avoient fait partie les objets en question, avoit déjà reçu quelque atteinte de ce genre, puisqu'il s'est retrouvé des fragmens d'ustensiles et même de figures dont la mutilation ne sauroit être qu'ancienne : d'où il suit que c'est le reste de ce trésor qui aura été enfoui par quelque main pieuse, et mis ainsi à l'abri d'un nouvel accident. C'est d'ailleurs un fait avéré par de nombreux témoignages, que le christianisme s'attacha sur-tout à détruire, en les convertissant à son usage, les vases de métal précieux que le polythéisme avoit produits en si grand nombre (1). Dans les premiers siècles qui suivirent le triomphe de l'église, presque tous les vases et ustensiles sacrés dont elle avoit besoin pour son culte, furent fabriqués aux dépens des monumens antiques, de tout genre et de tout métal, que l'intérêt ou la crainte avoit fait disparoître, que le hasard ou le zèle faisoit retrouver ; et je puis citer, à cette occasion, un fait assez curieux, qui prouve combien les découvertes du genre de celle qui nous occupe durent être fréquentes, dans le cours des siècles du moyen âge, au sein de cette même province de la Normandie, et toujours avec le résultat indiqué plus haut, de servir à fabriquer des vases et des ornemens d'église. Il existe, dans un rituel de l'ancienne abbaye de Jumiéges, qui date des premières années du XI.ᵉ siècle, une formule de prière relative aux *vases trouvés dans un lieu antique,* par laquelle on demande à *Dieu de souffrir que ces œuvres de l'art des païens soient purifiées et*

---

(1) *Voy.* les témoignages recueillis à ce sujet par le P. Marangoni, dans son savant et curieux ouvrage *delle Cose gentilesche convertite ad uso e ornamento delle chiese,* c. VII, p. 28 e altrove.

consacrées à l'usage de sa religion sainte (1). Or, pour qu'une semblable prière ait été rédigée, ou même pour que le cas qui y avoit donné lieu ait été prévu, il falloit que des découvertes de cette sorte de monumens profanes se fussent opérées assez souvent; et l'on peut calculer, d'après un pareil exemple, quelle foule de vases et d'objets précieux d'antiquité ont dû périr de cette manière, sur tout le théâtre de la civilisation antique converti à la foi chrétienne.

J'ai dit aussi que notre dépôt avoit dû provenir de quelque temple célèbre de *Mercure*. En effet, toutes les inscriptions gravées sur le plus grand nombre des vases sont relatives à ce Dieu, sans compter quelques représentations où il figure lui-même. Nous savions, par le témoignage formel de Jules-César (2), que *Mercure étoit le principal dieu adoré dans la Gaule*, et qu'on y voyoit *un nombre infini de ses simulacres*; et à l'appui de ce témoignage, je puis citer encore un fait curieux, extrait d'un mémoire manuscrit sur les antiquités d'une partie du Limousin. Il fut découvert, l'année dernière, à quelques lieues de Limoges, près d'une ancienne voie romaine, un dépôt d'objets d'argent, vases, patères et autres ustensiles, tous dédiés au culte de Mercure, d'après l'inscription qu'ils portoient, DEO MERCVRIO, et parmi lesquels se trouvoient quelques figurines en bronze de ce même dieu. Malheureusement il arriva dans cette circonstance ce qui eût lieu dans presque toutes les occasions semblables; les objets dont se composoit le dépôt en question ne firent que passer du sein de la terre dans le creuset d'un ignorant orfévre; il n'en fut sauvé que les figurines

---

(1) Ex rituali ecclesiastico et monastico ad usum ecclesiæ Gemmeticensis, scripto tempore abbatis Theodorici, qui regebat ab anno M. ad annum MXXXIV, folio X (mss. ad provinciam spectantia, n.º 93) :

ORATIO SVPER VASA IN ANTIQVO LOCO REPERTA.

« Omnipotens, sempiterne Deus, insere Te officiis nostris, ut hæc (hoc) » vascula (vasculum) arte fabricata (fabricatum) gentilium, sublimitatis tuæ » potentiâ ità emundare digneris; ut omni immunditiâ depulsâ, sint (sit) » Fidelibus tempore pacis atque tranquillitatis utenda (utendum); per Domi- » num nostrum &c. » Je dois ce renseignement à M. Aug. le Prévost, membre instruit et zélé de la Société des antiquaires de Normandie. — (2) J. Cæsar. *de Bell. gall.* VI, 17 : *Deum maximè* MERCVRIVM *colunt; hujus sunt plurima simulacra.* Il a été remarqué, dans le dernier siècle, qu'*il n'y avoit point de contrée où il se trouvât plus de statues de* Mercure*, grandes, moyennes et petites, en marbre, en pierre du pays ou en bronze, qu'en France;* voy. *l'Histoire de l'Académie des belles-lettres,* tome XII, p. 259 : mais c'est sans doute pour la première fois qu'il se découvre, en France ou ailleurs, tout un *trésor* d'un temple de Mercure.

de bronze, dont je possède des platres, et qui ne sont pas indignes d'être publiées (1) : et c'est, du reste, un fait assez remarquable, que celui de deux découvertes si semblables, si voisines l'une de l'autre, et si propres à justifier le témoignage de Jules-César, en ce qui concerne le culte rendu à Mercure par les anciens Gaulois. Toutes les inscriptions gravées sur les vases de notre collection sont en *lettres ponctuées*, méthode qui paroît avoir été généralement pratiquée chez les anciens, pour cette sorte d'inscriptions. La plaque d'or, avec une inscription grecque, trouvée en Égypte et possédée par S. Sydney Smith, offre une application de ce système, qui appartient à l'époque des premiers Ptolémées (2) ; et le nom CATVLVS, écrit de cette manière sur la bulle d'or du prince Chigi (3), se rapporte, d'après toutes les probabilités, aux derniers temps de la république.

Considérée dans son ensemble, sous le rapport de la matière et sous celui de la fabrication, notre collection offre sans doute un ensemble unique au monde. Les objets dont elle se compose sont au nombre de près de *cent*; le poids en est d'environ *cent un marcs* d'argent fin, un peu plus de *cinquante livres*. On ne connoît, dans tout ce qui nous reste en ce genre de l'antiquité grecque et romaine, que la *toilette d'une dame romaine*, trouvée à Rome en 1793, et possédée aujourd'hui par M. le duc de Blacas (4), qui surpasse par le poids et par la quantité des objets la collection qui nous occupe; mais sous les rapports bien autrement importans de l'art et du goût, je ne crains pas d'affirmer que notre collection seule surpasse tout ce que l'on possède ailleurs d'objets antiques d'argent, y compris le célèbre vase du palais Corsini, publié par Winckelmann (5), et celui du musée royal Bourbon, représentant *l'apothéose d'Homère* 6).

Le procédé de fabrication à l'aide duquel ces objets ont été produits, mérite que nous en disions ici quelques mots, en attendant les détails plus considérables où nous entrerons sur ce point curieux et neuf

(1) Une de ces figurines représente Mercure dans une attitude presque en tout semblable à celle de la célèbre statue du Vatican, dite l'*Antinoüs* du Belvédère. — (2) Letronne, *Recherches pour servir à l'Histoire de l'Egypte*, pag. 6-7. — (3) Gauss. *Mus. Roman.* tom. II, sect. VI, tab. VI. — (4) Voy. Visconti, *Lettera intorno ad un' antica suppellettile d'argento scoperta in Roma*, in-4.° Rom. 1793. Cette lettre a été réimprimée, dans le même format, à Rome, en 1825, et reproduite dans le recueil des *Opère varie* de Visconti, publié à Milan, tom. I, pag. 210-235. — (5) Winckelmann, *Monum. ined.* n. 151. — (6) Tischbein, *Homer nach Antiken*, III, 23-24; Millingen, *Anc. uned. mon.* part. II, pl. XIII, p. 25-26.

d'archéologie. Un savant, qui s'est occupé d'une manière particulière de l'histoire technique de la statuaire, M. Quatremère de Quincy, semble croire que les ouvrages d'argent, à la mention desquels il n'a d'ailleurs accordé que peu de lignes (1), étoient généralement *fondus ;* c'est de cette manière qu'il assure, d'après le témoignage de Pline, qu'avoient été exécutées les statues d'argent dont parle cet auteur (2) : mais je ne puis être de cet avis. Pline ne dit pas un mot qui donne l'idée de *statues d'argent fondues ;* et il est bien plus probable, en effet, que ces statues avoient été faites au *repoussé,* procédé qu'on sait avoir été si familier aux anciens, et qu'ils désignoient par le mot *sphyrélaton.* Il est question de *statues d'or* exécutées de cette manière, jusque dans les temps de l'empire (3); et *l'argent,* qui fond moins bien que l'or, se prêtoit en revanche beaucoup mieux au procédé du *repoussé,* qui exerça, avec tant de succès, comme l'on sait encore, les talens des orfévres florentins de la renaissance. C'est par ce même procédé qu'ont été produits, à-peu-près exclusivement, les objets de la collection qui nous occupe ; car, à l'exception des anses et de quelques détails peu importans, la plupart des vases et la statue même de Mercure sont exécutés au repoussé, et non fondus, ou produits par le mélange des deux méthodes. Une particularité, sinon entièrement neuve, du moins très-remarquable, qu'ont offerte les principaux vases de notre collection, c'est qu'ils sont doublés d'une cuvette mobile, d'argent massif travaillé au marteau, et non fondu, laquelle servoit à donner de la solidité à la partie extérieure, consistant en une lame d'argent très-mince, travaillée en relief, et qui formoit en même temps un récipient pour les liquides. Ce procédé, riche et ingénieux tout-à-la-fois, nous donne lieu de croire qu'il s'en étoit fait beaucoup d'applications ; on en connoissoit déjà quelques exemples, notamment le célèbre vase Corsini, qui est ainsi doublé (4); et parmi un grand nombre de vases et objets d'argent, découverts en 1810, près de Citta Castellana, sur l'emplacement de l'ancienne Faleria, il se trouva quelques-uns de ces *vases*

---

(1) Quatremère de Quincy, *Jupiter Olympien,* pag. 27 et 102. — (2) Plin. *XXXIII,* 12. — (3) *Voy.* la mention d'une statue de ce métal, exécutée de cette manière, χρυσῆ σφυρήλατος, dans une épigramme de l'anthologie, Brunck, *Analect.* II, 488. — (4) Winckelmann, *Mon. inéd.* n. 151, tom. II, p. 207 : consiste in uno riposto entro l'altro, in maniera che l'esteriore d'argento, lavorato di rilievo, ha l'interiore parimente d'argento, talchè questo si cava e rimette. Ces expressions de Winckelmann s'appliquent à nos vases de Bernay tout aussi bien qu'au vase Corsini ; d'où il suit indubitablement que les uns et les autres ont été produits par le même procédé.

doubles (1), auxquels on a cru pouvoir appliquer l'expression homérique, ἀμφίθετος φιάλη (2), qui a si fort embarrassé les interprètes (3). Sans m'arrêter en ce moment à discuter le véritable sens de cette expression, j'observe que ce doit être à une pratique du même genre, que se rapporte un passage assez difficile de l'inscription d'Orope citée plus haut (4). Il est naturel en effet de supposer qu'au lieu d'employer *l'argent* pour la doublure des vases de ce métal, on se servit, en certains cas, d'*étain*, qui est le métal nommé κασσίτερος, sur cette inscription d'Orope; et que c'est d'une réunion pareille des deux métaux, à l'aide de laquelle on pouvoit produire si aisément l'apparence de vases entièrement d'argent, et non pas d'*alliage* ou de *soudure*, qu'il est question dans le passage de l'inscription dont il s'agit (5). C'est cependant cette dernière hypothèse qui a été admise par MM. Osann et Boeckh; ils ont supposé que l'*étain* qu'il s'agissoit de séparer de l'*argent*, dans les vases ou objets sacrés du temple d'Orope, s'y trouvoit employé comme moyen de soudure: mais c'est, je crois, faute d'avoir eu une connoissance assez exacte des procédés divers de la fonte, que ces savans ont pu exprimer une pareille idée. L'étain, allié d'une manière quelconque avec l'argent, communique à ce métal des qualités qui le rendent très-peu propre au travail du marteau ou du repoussé; c'est avec le cuivre qu'il faut mélanger l'argent, pour en obtenir les conditions nécessaires à ce travail; et c'est en effet ce dernier genre d'alliage qui a été constaté dans tous les objets de notre collection. Quant au

---

(1) La découverte de cette *argenterie antique*, consistant en nombreux *ustensiles et vases de table*, et montant à *plusieurs milliers d'onces*, a fourni le sujet d'un mémoire curieux, inséré dans les *Atti dell' Academia roman. d'Archeologia*, tom. I, part. II, p. 303-315. Les *vases doubles*, qui faisoient partie de cette collection, y sont désignés comme ἀμφίθετοι, avec l'observation que voici: così fatte per chè il concavo della cesellatura non deturpasse la nitidezza dell' interno. — (2) Homer. *Iliad.* XXIII, 270 et 616. — (3) Athen. XI, 103, p. 501; Hesych. v. Ἀμφίπετος. L'interprétation de ce mot proposée par Winckelmann, et suivie par l'antiquaire romain, ne me paroît pas admissible. — (4) M. Osann, *Syllog. inscript.* p. 217, laisse indécis le métal désigné par le mot κασσίτερος, que M. Boeckh, *Corp. inscript.* p. 732, croit être l'étain; en quoi je suis complètement de son avis. Du reste, le passage où MM. Osann et Boeckh ont cru qu'il s'agissoit de métal étranger employé à la soudure, est celui-ci: πυρώσαντες καὶ ἀπoξύσαντες τὸν καττίτερον. — (5) C'est ce qu'avoit présumé M. de Clarac, dans l'interprétation qu'il donne de ce passage, *Mus. de Sculpt.* I, 81: « A la ligne 15, il est question de la manière dont on traitera les » offrandes en argent. On les fera passer au feu, et l'on en séparera l'étain; » ce qui indique que les *ex-voto* étoient faits de plaques d'argent travaillées » au marteau et appliquées sur un fond d'étain. »

métal qui s'y trouve employé pour la soudure, c'est le *plomb*, et non l'*étain*, ainsi qu'il résulte des expériences que j'ai déjà eu l'occasion de faire exécuter : et ce résultat est d'ailleurs conforme aux témoignages des anciens eux-mêmes ; car, c'est toujours le *plomb*, μόλιϬϭος, *plumbum*, qui est nommé dans les auteurs, quand il est question de *soudure* (1). Il est donc à-peu-près démontré que les anciens doubloient intérieurement d'étain les vases d'argent travaillés en repoussé, toutes les fois qu'ils étoient obligés d'user d'économie dans les tributs de la piété ; fait archéologique neuf et curieux : et c'est sans doute par une rare exception à cet usage que les vases de notre collection sont doublés d'argent ; ce qui nous offre le plus haut degré de la magnificence, jointe à toute la perfection de l'art, et ce qui prouve, en même temps, l'extrême mérite de ces ouvrages, et le haut prix qu'on y attachoit dans l'antiquité même. Il eût suffi, d'ailleurs, pour déterminer l'époque à laquelle appartiennent les principaux objets de notre collection, de se souvenir que Pline, après avoir cité un grand nombre d'artistes grecs qui s'étoient distingués dans la *cœlature* de l'argent, *vers le temps de Pompée* et dans la génération suivante, observe que *cet art s'étoit subitement perdu*, au point que le mérite seul de l'antiquité faisoit rechercher de son temps les travaux de cette espèce (2) : d'où il suit que ceux de nos vases où brillent à un si haut degré l'élégance et l'habileté du travail grec, ne sauroient guère avoir été produits, au plus tard, que dans la période indiquée par Pline. Mais une notion précieuse que nous devons au même auteur, et qu'il est important de rappeler ici, c'est qu'il existoit dans la Gaule des *vases d'argent*, ouvrage du célèbre Calamis, qui avoient été imités par un artiste du pays, par Zénodore, *au point qu'il étoit difficile de discerner les copies d'avec les originaux* (3). Il suffit de ce seul trait pour montrer combien la *cœlature sur argent* étoit cultivée avec succès dans la Gaule, au siècle de Néron, qui est précisément l'époque à laquelle se rapporte la dédicace de plusieurs de nos vases et l'exécution de quelques autres. J'ajoute que, sur une inscription romaine de Narbonne (4), il est fait mention d'un de ces artistes *fabriquant de vases d'argent*, nommé *C. Cornelius Philonicus*, et qualifié *Faber Argent*, pour *Faber Argentarius* ; expressions qui ne laissent aucun doute sur sa profession. La même qualification, exprimée

(1) *Voy.* le témoignage du jurisconsulte Pomponius, cité par M. Osann lui-même, pag. 217, et les autres passages rapportés par Forcellini, aux mots *Ferrumen*, *Ferruminatio*, &c. — (2) Plin. XXXIII, 12 : *Subitòque ars hæc ita exolevit, ut solâ jam vetustate censeatur* — (3) *Ibid.* XXXIV, 7, 18 : *Ut vix ulla differentia esset artis.* — (4) *Apud* Gruter. p. 638, n. 10.

en toutes lettres, sur un fragment d'inscription trouvée à Lyon (1), prouve qu'il y avoit aussi des *Cælateurs en argent, Argentarii*, dans cette colonie romaine, où Spon assure, d'après d'anciennes traditions locales, qu'une rue avoit reçu leur nom.

Après ces observations préliminaires, venons à la description succincte des objets de notre collection.

L'objet principal, n.° 1, est une *statue de Mercure*, haute de vingt et un pouces, du poids de 5 livres 7 onces 6 gros : de cette dimension et de ce métal, c'est déjà un monument unique et inestimable. Le dieu est représenté entièrement nu, sans la moindre trace d'ailes aux talons ; mais le haut de la tête, qui manque, étoit probablement couvert d'un *pétase* du même métal, c'est-à-dire, d'argent, avec les ailes *dorées*, dans le goût d'une charmante petite *tête votive de Mercure*, n.° 2, ainsi exécutée, qui faisoit partie du même dépôt. D'ailleurs, le *caducée*, trouvé séparément, mais qui s'ajuste parfaitement à la main gauche de notre figure, est un attribut si caractéristique de Mercure, qu'il n'est pas possible de le méconnoître à un pareil signe. Ce *caducée* même est d'une forme neuve et remarquable, d'argent fondu, avec des détails dorés. Le style de la figure est loin d'être sans mérite, bien qu'il ne se distingue pas par l'élégance. Les formes du corps, tant soit peu athlétiques, mais généralement d'un bon choix et d'une bonne proportion, se rapportent au Dieu de la palestre plutôt qu'au messager des Dieux. Les traits du visage n'ont rien d'idéal, et je fus frappé d'abord de l'idée que cette figure pouvoit bien être un portrait. En l'examinant plus attentivement, je crus y découvrir quelque ressemblance avec la physionomie des personnages de la famille de Tibère, celle de *Tibère* lui-même, et sur-tout de *Germanicus*, son neveu. Si cette conjecture, qui ne m'est pas particulière, se confirme par d'autres observations, nous aurons, avec un nouveau portrait de Germanicus, une date à-peu-près certaine pour la fabrication de cette statue, qui devra être reconnue pour un ouvrage romain du commencement du premier siècle de notre ère. On sait, du reste, combien c'étoit dès-lors une pratique familière, de représenter les divinités locales sous les traits des princes ou princesses de la famille impériale, et la *nudité totale* de notre figure viendroit encore à l'appui de cette observation (2). J'observe en dernier lieu que cette statue a

---

(1) Spon, *Miscellan.* sect. VI, p. 219. — (2) La *nudité* semble avoir été en effet un trait essentiel de la composition des figures héroïques de cette époque. Cicéron cite une statue du fils de Verrès ainsi traitée, *in Verr.* II, 63 ; et nous

été produite au repoussé, au moyen de lames d'argent très-minces, qui ont servi à former les diverses parties du corps, la tête, le torse, les bras, les mains, les jambes, et qui ont été ensuite rapprochées et soudées avec une adresse infinie. Ce procédé s'est sur-tout rendu sensible sur des *fragmens* d'une seconde *statue de Mercure*, n.° 3, consistant en un *bras droit*, qui tenoit la *bourse*, attribut connu de ce dieu, et en débris de pieds et de jambes, dont la proportion, le style et le travail prouvent qu'ils avoient appartenu à la même figure. Les lames d'argent dont se composent ces membres divers étoient réunies par des sutures en queue d'hironde très-visibles (1) ; et ce qui ajoute à la surprise que peut causer un procédé semblable, c'est l'extrême mérite d'art qui brille dans ces fragmens, joint à la prodigieuse perfection de ce procédé même. Je ne crains pas d'affirmer que la statue qui s'est trouvée réduite à un état si déplorable, sans doute par l'effet d'une profanation antérieure à l'époque où fut formé notre dépôt, devoit être, dans son intégrité, un des plus précieux monumens de la *cœlature* antique; et tels que sont ces fragmens, empreints, jusque dans les moindres détails, du goût d'une excellente école et du talent d'un habile artiste, ils ajoutent encore à la haute idée que nous pouvons nous former du génie imitatif des Grecs, d'après tous les monumens qui s'en retrouvent.

Avec cette statue entière de Mercure, et ces fragmens d'une seconde figure, auxquels il faut joindre la *petite tête votive*, aussi de *Mercure*, dont il a été parlé plus haut, il fut trouvé un *petit buste* du même dieu, d'argent massif, et de très-bon style, qui disparut peu de jours après la découverte. Je réunirai ici les autres représentations de Mercure, qui n'appartiennent point à la statuaire proprement dite, mais qui, par l'image même de ce dieu, produite à l'aide d'un procédé différent, confirment de plus en plus l'idée, justifiée d'ailleurs par toutes les inscriptions, que le dépôt entier de nos monumens faisoit partie du trésor d'un temple de *Mercure*.

Tels sont quatre *disques*, ou *médaillons*, ayant indubitablement servi de *fonds de patères*. On sait en effet que la plupart des patères antiques, d'argile peinte, offrent, à l'intérieur, un sujet encadré dans un cercle, ou bien un simple disque, qui se trouve quelquefois remplacé

possédons, dans les deux belles statues du *Pompée-Spada* et de l'*Agrippa-Grimani*, qui appartiennent au premier siècle de l'empire, deux monumens décisifs à l'appui de cette observation.

(1) C'est par un procédé semblable qu'avoit été exécutée la statue équestre, en bronze, de laquelle il ne subsiste qu'une jambe de cheval, au musée de Lyon ; voy. Millin, *Voyage dans le midi de la France*, tom. I, p. 448.

par une espèce d'*hémisphère* ou d'*ombilic*, d'où vint à ces sortes de vases
le nom de φιάλη μεσόμφαλος (1). C'est donc par une application ingénieuse de cet ancien système que les patères d'argent avoient reçu
l'ornement de ces médaillons repoussés en relief (2), que Pline désigne
par les mots *phialæ emblemata* (3), et dont il s'est retrouvé jusqu'à *six*
dans notre collection, tous de style et de travail différens, *quatre desquels sont relatifs à Mercure*. Sur l'un de ces médaillons, n.° 4, *Mercure*
est représenté assis sur un rocher, la *tête nue* et *ailée*, la main droite
appuyée sur son *caducée*, ailé, debout en terre, la main gauche, qui tient
la *bourse*, en repos sur son genou. A ses pieds est un *bouc*, et de l'autre
côté une *tortue*, deux des animaux symboliques de ce dieu ; et dans le
champ, à gauche, au-dessus d'un autel allumé, est un *coq*, autre animal
symbolique, dont la présence complète les diverses attributions de
Mercure. Tous les accessoires de ce bas-relief, le *rocher*, le *caducée* et
la *bourse*, l'*autel* et les *animaux*, avoient été dorés. On y remarque
enfin l'inscription que voici, tracée au pointillé : L. LVPVLA M. C. DO,
qu'il faut sans doute lire de cette manière : L. LVPVLA Mercurio
Caneto DOnat.

Sur le second médaillon, n.° 5, *Mercure* debout, la tête *nue*, sans
ailes, couvert, pour tout vêtement, d'une chlamyde élégamment jetée
sur l'épaule gauche, tient de la main gauche un *long caducée*, dont la
forme et la proportion peu communes ont beaucoup de rapport avec
celles du caducée de notre statue, et de la main droite, une *bourse*
d'un volume considérable. Devant le dieu, à droite, est un cippe élevé,
ombragé d'un *arbre* et surmonté d'un *coq* ; derrière, un second cippe,
portant une *tortue*, le long duquel semble grimper un *bouc*. Il seroit
difficile de *composer* les divers attributs de Mercure d'une manière plus
heureuse, et dans un style plus élégant. Une partie des accessoires de ce
bas-relief, d'une exécution charmante, avoit été pareillement dorée. Il
étoit entouré d'un cercle d'argent fondu qui s'y appliquoit en relief, et

(2) Athen. XI, 104, p. 501. Je profite de cette occasion pour repousser
une critique qui m'a été faite, au sujet de l'interprétation que j'ai donnée,
Monum. inéd. Orestéide, pag. 144, not. 4, à ces paroles d'Eschyle, *Agam.*
v. 1054 : ἑστίας μεσομφάλου. On a voulu voir ici un *autel avec un ombilic au
milieu*. Je montrerai en temps et lieu que cette interprétation est inadmissible.
—(2) Telle pourroit bien avoir été la destination d'un médaillon d'argent
plaqué, publié dans les *Monum. ined. dell' instit. di corrisp. archeol.* tav. XIV,
à moins qu'on ne suppose que ce médaillon, qui provient, je crois, d'une
fouille récente faite à *Herculanum*, servoit, avec quelques autres pareils,
trouvés au même lieu, à la décoration d'un meuble antique, ou même
à celle d'un appartèment. — (3) Plin. XXXIII, 12.

6

sur lequel se lit, en lettres d'or incrustées, l'inscription suivante : DEO. MERC. IVL. SIBYLLA D. S. D. D. (1). Du reste, la forme des caractères de cette inscription, et particulièrement l'Y du nom de *Sibylla*, figuré comme l'*upsilon* grec, démontre, pour quiconque a tant soit peu d'usage des monumens lapidaires, que la *dédicace* de celui-ci appartient à l'époque de Claude.

Le troisième médaillon, n.° 6, de plus petite dimension et de travail médiocre, offre *Mercure* debout, le corps nu, à la réserve de la chlamyde jetée autour de son bras droit, qui pose sur sa hanche, la tête *nue*, mais *ailée*, le bras gauche appuyé sur un *caducée ailé*, debout en terre. La *bourse* du dieu est placée, à sa droite, à hauteur d'appui. Ce médaillon, qui n'offre du reste aucune inscription, et dont quelques détails avoient été dorés, étoit entouré d'un cercle en relief.

Le quatrième disque, n.° 7, présente *deux bustes accouplés*, dont la *tête*, entièrement détachée du fond, s'unit à une demi-figure d'un relief peu saillant. L'un de ces bustes, drapé, avec la tête ornée du diadème, doit représenter *Vénus*; l'autre, la poitrine nue, avec un pan de draperie sur l'épaule gauche, se reconnoît indubitablement pour *Mercure*, aux deux ailes qui naissent sur le haut de la tête, parmi les cheveux nus. Au-dessous de ces deux bustes, dans le champ du bas-relief, est dressé un *caducée*, symbole qui ne laisse subsister aucun doute sur l'intention de l'artiste. L'association de *Vénus* et de *Mercure* est d'ailleurs constatée par un grand nombre de monumens, un desquels fait partie de notre collection. Sur le manche d'une petite patère, n.° 21, se lit, en caractères dorés, l'inscription, M. VENER., sans doute pour Mercurio. VENERI, qui n'est pas un des témoignages les moins curieux du culte rendu en commun à ces deux divinités. Du reste, le médaillon que je viens de décrire, déjà si remarquable par ces deux têtes accouplées, de ronde bosse, se recommande encore par le travail, par le mélange d'argent et d'or qui s'y voit employé, dans un système sur lequel j'aurai bientôt occasion de revenir, et par le style même des figures, qui ne manque pas d'élégance, bien qu'il accuse assez sensiblement une époque romaine.

J'aurai achevé l'indication des monumens de notre collection qui offrent la représentation de Mercure, en plaçant ici la description d'un beau *simpulum*, le plus remarquable par le poids, par la dimension et sur-tout par le travail, qui est d'une rare élégance, des trois instrumens du même genre que renferme cette collection. Sur le manche de cet instrument, d'argent fondu, et parfaitement conservé, n.° 20, est

(1) Lisez : *De Suo Dat Dedicat.*

sculpté, de bas-relief, *Mercure*, nu, de face, la tête nue et sans ailés, tournée à droite, un *caducée* dans la main gauche, une *bourse* dans l'autre main; au-dessus, dans une espèce de compartiment séparé, un *bouc*, et plus haut encore, dans un troisième compartiment, un *arbre* qui paroît être un *figuier*. Autour du bassin de ce charmant instrument, est gravée au pointillé l'inscription, MERCVRIO. AVGVSTO. Q. DOMITIVS. TVTVS, en lettres d'une belle forme, et d'une époque qui appartient certainement au haut empire. C'est la première fois que j'ai occasion de citer, parmi les donataires dont la piété s'étoit signalée envers le dieu qui nous a légué ce trésor, le nom de Q. Domitius Tutus. Nous retrouverons bientôt le même nom (1), en caractères de la même forme, sur *cinq* vases, les plus accomplis de notre collection. Mais je ne dois pas négliger d'observer, dès ce moment, que, suivant un usage attesté par une foule d'inscriptions romaines de tout âge, ce nom de *Domitius*, plus fréquemment porté sous le règne de *Néron*, qui étoit de la famille *Domitia*, qu'en aucun autre temps du haut empire, peut servir à fixer l'âge de la consécration des principaux objets de notre collection vers l'époque de Claude et de Néron; ce qui d'ailleurs vient à l'appui de l'observation faite plus haut, au sujet du nom de *Sibylla*.

Pour ne pas séparer, dans notre description, les objets qui ont entre eux une analogie matérielle de forme et de destination, je joindrai ici l'indication sommaire de deux autres fonds de patères, non moins curieux que les quatre précédemment décrits, bien qu'à des titres différens. Sur le premier de ces médaillons, n.° 8, est représenté, de très-fort relief, mais d'un travail qui semble n'avoir été qu'ébauché, un Génie, nu et ailé, qui s'appuie d'une main sur une *lyre* de très-grande proportion, et tient, de la main droite, un masque scénique, à longs cheveux; c'est probablement un *Génie scénique,* et non un *Amour,* dont on ne reconnoît ici aucun attribut.

L'autre médaillon, n.° 9, d'une dimension plus considérable qu'aucun des autres disques du même genre, d'un travail excellent, et d'une conservation qui ne laisse presque rien à desirer, nous offre la répétition exacte d'une composition qui doit avoir été très-célèbre, à en juger d'après une autre copie, qui s'en est conservée, sur une belle lampe antique d'argile (2). On y voit une *femme,* la tête *nue,* et non *couronnée de lierre,* la partie supérieure du corps entièrement nue aussi, à la réserve d'une

____

(1) Le nom de *Tutus* est déjà connu par des inscriptions romaines de la Gaule. — (2) Pietro Santo Bartoli, *Antich. Lucern. figurat.* part. I, n.° 8. Bellori, auteur des explications jointes aux gravures de Bartoli, voit ici, contre toute espèce de raison, la *Nuit,* entourée de *trois Amours,* pour représenter le

ceinture posée à nu sur le milieu des reins. Cette femme est couchée sur un péplus qui lui enveloppe le bas du corps, en laissant toutefois à découvert la partie qui donna lieu à l'un des surnoms les plus populaires de Vénus, celui de *Callipyge*. Elle est endormie, la tête appuyée sur son bras gauche ployé à la hauteur du front, sur une *peau de lion* étendue, au-dessous de laquelle apparoissent une *massue*, posée en guise d'oreiller, προσκεφαλαιον, un *arc* et un *carquois*, attributs connus d'*Hercule*, avec un *scyphus*, autre attribut d'Hercule qu'on ne peut méconnoître, entouré de lierre, et placé dans le champ du bas-relief. Trois petits Amours, nus et ailés, sont représentés endormis, en différentes attitudes, l'un derrière la femme, à la hauteur de sa tête, le second sur ses genoux, et le troisième à ses pieds. Le motif de la principale figure devoit avoir été fourni par quelque composition du premier ordre ; car on le retrouve, à très-peu de chose près, sur des pierres gravées représentant un *Hermaphrodite endormi*, entouré de même de *petits Amours ;* et ce rapport, qui n'est pas moins sensible dans la célèbre figure de l'Hermaphrodite Borghèse, dont il dut exister tant de répétitions, m'avoit fait penser d'abord que notre figure pouvoit bien être aussi un *Hermaphrodite.* La relation étroite qui existoit entre *Hermès* et *Aphrodite*, et dont j'ai déjà eu l'occasion d'observer qu'il s'étoit conservé plus d'un monument dans notre collection même, sembloit venir d'ailleurs à l'appui de cette conjecture ; et la *peau de lion*, qui sert de lit à deux des répétitions antiques de l'Hermaphrodite Borghèse, pouvoit sembler encore un nouveau trait d'analogie. Cependant, après un plus mûr examen, je serois plutôt disposé à croire que c'est *Vénus* elle-même qui se voit représentée sur notre médaillon. La *ceinture*, qui doit être le *cestus*, placée comme elle l'est ici (1), est un attribut caractéristique de *Vénus*, qui ne sauroit, en aucun cas, convenir à une *Bacchante ;* les *Amours*, dont on ne pourroit expliquer convenablement la présence auprès d'une *ménade endormie par l'effet de l'ivresse*, sont au contraire le cortége ordinaire de *Vénus ;* et quant au motif de cette composition, qui nous représenteroit *Vénus couchée et endormie sur la dépouille d'Hercule*, ce seroit une image si claire et si ingénieuse du triomphe de la beauté sur la force, dans le goût de cette autre allégorie, si familière aux anciens, et reproduite sous tant de

sommeil. Des interprétations aussi capricieuses, aussi arbitraires, qui ne pouvoient être proposées que dans l'enfance des études archéologiques, ne méritent pas aujourd'hui une réfutation sérieuse.

(1) On peut se faire une idée de cette ceinture, d'après quelques figurines antiques, représentant *Vénus, sortant du bain*, dans l'attitude de s'attacher au-dessous du sein un ornement tout pareil ; voy. Caylus, *Recueil* VI, pl. LXXI, 3 et 4, LXXII, 4 et 5.

formes et sur tant de monumens divers, de *Vénus victorieuse, parée des armes de Mars,* qu'il n'y auroit guère, à ce qu'il me semble, de difficultés sérieuses à élever contre une pareille explication.

Venons maintenant aux vases qui composent la partie la plus précieuse à tous égards de notre collection. Le premier dont je ferai mention, à cause de l'inscription qui s'y lit, et qui nous offre, pour la seconde fois, le nom de ce même Q. Domitius Tutus, contemporain de Néron, est un de ces vases nommés en général *potoria* par Pline, auxquels il seroit superflu de prétendre assigner des noms particuliers, dans l'incertitude qui règne et qui régnera toujours sur des dénominations usuelles transmises des Grecs aux Romains, et sujettes, comme tout ce qui tient aux usages de la vie commune, à mille modifications, en passant de siècle en siècle et de peuple en peuple. Quoi qu'il en soit, le vase n.° 10, que j'appellerai *potorium,* dépourvu d'anses, mais muni d'un pied qui lui donne 4 pouces 10 lignes de hauteur, sur un diamètre de 3 pouces 10 lignes à son ouverture supérieure, nous offrira le premier exemple de ce système de vases d'argent, consistant en une lame très-mince, travaillée de très-haut relief, et doublée d'une cuvette d'argent massif. Dans la partie inférieure se trouve l'inscription que voici, gravée avec soin en caractères de très-bonne forme: MERCURIO. Q. DOMITIUS TUTUS. V. S. L. M. Mais c'est sur-tout la composition dont ce vase est orné, qui en fait un des plus précieux monumens de l'antiquité figurée venus jusqu'à nous.

Quatre figures forment cette composition, dont tous les personnages sont si clairement caractérisés, et tous les détails si judicieusement appropriés au sujet, qu'il seroit difficile de ne pas reconnoître ce sujet, comme je puis dire ici que je le fis au premier aperçu, et comme je vais l'exposer en peu de mots. Un dieu dont la physionomie et les cheveux, tels qu'ils se voient ici, séparés sur son front en deux grandes masses, ne sauroient convenir qu'à *Jupiter,* assis sur un trône, la partie supérieure du corps nue, et le bas enveloppé dans un vaste péplus, un long sceptre à la main, se reconnoît, à tous ces caractères, pour le maître des dieux. Son trône est décoré de plaques carrées, alternativement d'or et d'argent bruni; ornement qui rappeloit le goût des étoffes asiatiques, et qu'on retrouve sur-tout au vêtement des Amazones, sur plus d'un vase peint, de beau style grec (1). Près du dieu, est une déesse debout, le front ceint

______

(1) Sur un vase peint, de beau style et de fabrique d'Avella, que je possède, une Amazone est vêtue d'anaxyrides dont l'étoffe est travaillée dans ce même goût. Du reste, les expressions de *trône à échiquier,* de *trône échiqueté,* dont on s'est servi pour désigner le siége du dieu, et les allusions au trône des divinités

du diadème, enveloppée toute entière d'un ample péplus, et portant de même un long sceptre; et, à tous ces traits, il n'est pas plus possible de méconnoître *Junon*. Au devant du couple divin, un *cheval ailé*, qui ne peut être que *Pégase*, baisse la tête pour boire à la source de la fontaine Pirène, dont la *Nymphe* demi-couchée et demi-nue, un roseau dans la main gauche, appuie son autre main sur l'aile déployée de Pégase. Dans le fond, l'*Acrocorinthe*, figurée comme on la voit sur tant de monnoies coloniales de Corinthe, avec un *temple tétrastyle*, au sommet, indication du célèbre *temple de Vénus armée*, qui existoit en cet endroit, achève de déterminer le lieu de la scène, de manière qu'on ne puisse j'y méprendre. Le dernier personnage est un *Athlète vainqueur aux jeux isthmiques*. Il porte sur le front la *couronne de pin*, qui étoit précisément le prix de la victoire aux jeux de l'isthme; il tient en main la *palme*, symbole général de victoire, qui trouve ici son application particulière; sur le fond, est représenté un *herméracle*, et plus bas, *la table des jeux* (1), et non un *lectisterne*, comme on l'a dit quelque part, par une méprise assez singulière. Ce n'est pas ici le lieu de développer les preuves de l'explication que je viens de donner, ni d'indiquer les notions neuves ou curieuses qui résultent de ce bas-relief; mais je ne puis m'empêcher d'y faire remarquer, dans ces quatre personnages d'âge, de caractère, de sexe différens, un abrégé de ce monde idéal des Grecs, dont on peut dire que chaque monument est un art tout entier. Ici la majesté des dieux suprêmes, rendue sensible dans le groupe des deux divinités; la grâce et l'élégance dans la figure de la nymphe; la puissance et la force athlétiques dans celle du vainqueur isthmique, égalent, s'ils ne surpassent, tout ce que l'on peut imaginer en fait de grandeur, de noblesse et de vérité de style. Ici, ce qui frappe sur-tout, c'est cette grandeur même empreinte sur de si petits objets; c'est cette perfection de goût apportée à l'exécution d'un vase d'un usage vulgaire en apparence, bien que consacré plus tard au culte divin; c'est, en un mot, cette puissance de style, qui fait apparoître presque des colosses sur un simple vase à boire.

Parmi les autres vases, qui forment la partie la plus importante, à tous égards, de notre collection, ceux qui méritent d'être cités et décrits en premier lieu, à cause de l'intérêt des sujets qu'ils présentent, sont deux vases, n.ᵒˢ 11 et 12, de la forme de *præféricule*, dont la hauteur est

---

égyptiennes, ou même à l'*échiquier* des ducs de Normandie, ne semblent ni plus justes ni plus fondées les unes que les autres.

(1) Pausan. V, 20, 1 : τράπεζα ἐφ' ἧς προτίθενται τοῖς νικῶσιν οἱ στέφανοι.

de 9 pouces $\frac{1}{2}$, le diamètre de 5 pouces $\frac{1}{2}$, et le poids de 4 livres 4 onces. Ces deux vases se correspondent, du reste, si exactement, sous tous les rapports de la forme, de la composition et du travail, qu'il est évident qu'ils avoient été fabriqués dans le même atelier et par la même main, pour servir de *pendans* l'un à l'autre, suivant l'usage qui paroît avoir été pratiqué à l'égard de ces sortes de vases d'argent, et dont il nous reste plus d'un témoignage antique (1). Il n'est pas moins certain, par la nature même des compositions dont ils sont ornés, que ces deux *præ-féricules* étoient du nombre des vases nommés *homériques* (2), à l'exécution desquels le choix même des sujets indique qu'avoient été employées les mains les plus habiles, sans doute aussi d'après les modèles créés par les grands maîtres. Le style dans lequel sont traitées les compositions de nos deux *vases homériques*, ne semble cependant pas tenir du goût le plus pur de l'école grecque ; le dessin a quelque pesanteur, et certains détails accusent une époque romaine. Mais la composition entière provient certainement d'un artiste grec ; et je serois assez disposé à croire que la fabrication en appartient à un âge peu éloigné de celui que Pline nous représente comme l'époque de la prospérité de cette branche de l'art, chez les Romains, c'est à savoir, à l'âge qui suivit immédiatement le siècle de Pompée (3). L'un et l'autre portent une inscription qui n'avoit pu y être remarquée d'abord sous la croûte épaisse dont le métal étoit couvert, mais qui se lit maintenant sans la moindre difficulté ; et cette inscription, conçue comme celles qui se sont déjà offertes sur deux autres vases : MERCURIO AUGUSTO Q. DOMITIUS TUTUS EX VOTO, prouve que ceux dont il s'agit ici sont une offrande du même Q. Domitius Tutus.

Dans l'état où se sont retrouvés les deux vases en question, avec leurs membres divers détachés, par l'effet de l'action du temps qui en avoit détruit les soudures, il n'est pas sûr que chacun d'eux puisse être rétabli avec toutes les pièces qui lui appartenoient en propre. Nous croyons cependant que, dans la restauration déjà opérée de celui de ces vases qui étoit le moins endommagé, nos soins auront réussi à lui restituer ses membres principaux ; et c'est par celui-là que nous commencerons la description du couple, en nous bornant aussi à ces parties principales, et en réservant pour une autre occasion des observations plus détaillées.

(1) Ces sortes de vases *doubles*, ou *pendans*, formoient ce que l'on appeloit à Rome *par*, ou *synthesis*, Plin. XXXIII, 12. *Voy.* à ce sujet les observations de Visconti, *Mus. P. Clem.* V, p. 45, not. *c*, et celles de M. Boettiger, *les Furies*, p. 62, not. 101, trad. française. — (2) Sueton. *Neron.* XLVII : *Duos scyphos homericos.* — (3) Plin. XXXIII, 12.

Pour bien saisir l'ensemble de ces compositions, il est nécessaire de se fixer sur un point important ; c'est la correspondance exacte qui existe entre les deux vases, et qui suppose une analogie complète dans le nombre des sujets et dans la disposition des figures. Or, le premier de ces vases offre bien évidemment *deux actions* ou *scènes* distinctes, représentées par une série continue de personnages ; et cela de manière que les deux actions, opposées l'une à l'autre, occupent chacune la moitié juste de la circonférence du vase, dans la partie la plus renflée du sphéroïde. Les deux scènes en question sont, d'une part, la *mort de Patrocle*, de l'autre, la *rançon d'Hector*. La même correspondance devra donc se retrouver sur l'autre vase, où nous voyons la même disposition générale, dans le sens dont les personnages sont placés les uns par rapport aux autres, et dans le mouvement de toute la composition. En effet, nous y reconnoîtrons deux scènes épiques, qui se répondent et se balancent parfaitement, quant au choix des sujets, de même que pour le nombre et l'attitude des personnages ; c'est, d'un côté, *Hector traîné au char d'Achille*, de l'autre, *Achille lui-même succombant sous la flèche de Pâris*, et non pas, comme on l'a cru, une suite de *trois sujets* d'inégale étendue. Une autre particularité commune aux deux vases, dont je ne dois pas négliger de faire ici mention, attendu qu'elle n'a pas été moins mal interprétée, c'est que l'anse étoit fixée sur un *masque bachique*, parfaitement caractérisé par tous les traits d'une *tête de Silène* (1), et auquel on a voulu, sans aucune espèce de fondement, attribuer un rôle dans la composition épique, en y voyant un *masque tragique*, ce qui n'est pas, et en faisant de ce prétendu masque tragique une prétendue *tête de Phobos*, au lieu d'y voir un simple motif d'ajustement dans la composition du vase même.

Voici maintenant la description sommaire des quatre scènes homériques représentées sur nos deux vases. La première scène du vase n.° 11 offre un *jeune héros nu et imberbe*, étendu sur une espèce de bûcher, au milieu de personnages qui expriment leur douleur dans des attitudes diverses. A ce seul trait si caractéristique et si manifeste d'un *héros imberbe*, il est singulier qu'on ait pu voir ici *les principaux Troyens pleurant autour du cadavre d'Hector* ; car *Hector* est *barbu*, non-seulement sur le plus grand nombre des monumens antiques qui nous restent (2), mais, ce

(1) Ce caractère est conservé même dans la lithographie ; ce qui rend plus étrange encore la méprise dont le masque en question a été l'objet. — (2) J'en ai cité plusieurs exemples, *Achilléide*, p. 87, note 5, lesquels n'ont pas empêché mon savant confrère, M. Letronne, de soutenir qu'Hector avoit pu être représenté *imberbe*, attendu qu'il étoit mort à *trente ans* ; comme si l'on

qui est décisif dans ce cas-ci, il est *tel* sur notre vase même, dans la scène correspondante à celle qui nous occupe. Rien n'indique non plus, dans les détails du costume, que ce soient des *Troyens* qui composent cette scène de deuil, tandis que tout s'y rapporte aux *Grecs*, d'après le costume même, auquel les uns et les autres se reconnoissent dans la scène opposée. Le jeune héros presque nu, assis dans l'attitude d'une douleur profonde, qui occupe la première place à gauche, ne peut être qu'*Achille*, présidant aux devoirs suprêmes qu'on rend à son ami. En face de lui, *Phœnix*, son vieux gouverneur, *assis* aussi, et *tenant son genou droit serré de ses deux mains*, se reconnoît à sa barbe épaisse, et sur-tout à cette attitude si caractéristique qui distingue le même personnage, sur le grand disque d'argent du cabinet du Roi (1), et sur le vase du musée de Naples que j'ai publié (2); attitude dont on a cherché bien inutilement, ce me semble (3), à infirmer l'intention symbolique, qui

n'avoit pas de *barbe* à trente ans; et cela, sur la foi d'un passage de Philostrate le jeune, où il est dit qu'Hector étoit représenté *sans cheveux ;* car c'est ainsi que M. Letronne traduit les mots grecs, μετ' οὐδεμιᾶς κομῆς; voy. *Journal des Savans,* septembre 1829, p. 533. Je montrerai ailleurs ce que signifient ces mots dans la langue de l'art; et, en attendant, je citerai, à l'appui de l'exemple décisif que nous fournit notre vase, pour la manière de représenter *Hector,* la belle tête *barbue* de ce héros, sur une rare médaille autonome d'Ophrynium, en argent, *cabinet de M. Allier d'Auteroche,* pl. XIII, n. 11, actuellement au cabinet du Roi; conf. Eckhel, *D. N.* II, 436. Du reste, M. Letronne, qui pense que le passage de Philostrate le jeune m'avoit échappé, auroit pu se convaincre du contraire, en jetant lui-même les yeux sur le paragraphe de Winckelmann que j'ai cité, *Mon. ined.* n.º 135, et dans lequel cet illustre antiquaire a rapporté, à l'occasion d'un bas-relief Borghèse, où Hector est représenté *barbu,* tous les témoignages des anciens relatifs à ce point d'iconographie grecque, y compris *le passage de Philostrate le jeune.* En tout cas, la tradition homérique sur les *longs cheveux noirs* d'Hector, *Iliad.* XXII, 401 : ἀμφὶ δὲ χαῖται κυάνεαι πίλναντο, suivie par Virgile, *Æn.* II, 277, *squalentem* barbam *et concretos sanguine* crines, mériteroit bien autant de confiance que cette *absence totale de cheveux,* contraire à *toutes* les données antiques, qu'on a cru trouver dans le passage en question du *seul* Philostrate.

(1) Millin, *Monum. inéd.* tom. I, pl. VIII, p. 86. — (2) *Monum. inéd.* Achilléide, pl. XIII, p. 59 suiv. — (3) C'est encore M. Letronne, *Journal des Savans,* septembre 1829, p. 531, note 6, qui a contesté l'intention symbolique attribuée à l'attitude dont il s'agit, d'après l'observation que c'étoit surtout le *croisement des mains* qui avoit cette intention, et non pas la *pose de ces deux mains croisées sur le genou.* Je montrerai ailleurs ce qu'il faut penser de cette distinction, plus subtile, à mon avis, qu'elle n'est fondée en raison; et en attendant, j'observe, à l'appui du témoignage formel et précis de Pausanias, que notre vase offre absolument la *même* attitude que celle qui est donnée au *même* personnage, sur deux autres monumens antiques, évidemment avec la *même* intention.

reçoit, d'un monument tel que le nôtre, une autorité nouvelle et décisive. Ce n'est pas ici le lieu de désigner les autres personnages qui figurent dans cette composition : mais il en est un que je ne saurois m'empêcher de signaler dès ce moment ; c'est *Ulysse*, debout derrière Achille, la tête couverte du *bonnet nautique* qui le caractérise, le visage caché sous sa main droite, et dans une attitude qui se rapporte, comme celle de Phœnix, à une intention symbolique (1).

La seconde scène du même vase, représentant la *rançon d'Hector*, λύτρα Ἔκτορος, est peut-être ce que nos monumens ont offert de plus curieux, par la nouveauté des détails épiques qui s'y remarquent. Nous savions déjà, par la *table iliaque*, et nous avons appris tout récemment par les vases de Canino, combien de circonstances étrangères aux poésies proprement homériques avoient été fournies, par la tradition postérieure ou contemporaine, aux poëtes et aux artistes grecs de tous les âges. C'est une de ces circonstances nouvelles et singulières que nous présente la scène en question. Le corps d'*Hector nu et barbu* s'y voit étendu dans l'un des plateaux d'une balance, dont un grand vase, de la forme de *cratère*, occupe l'autre plateau. Ce que cette balance, indépendamment de son emploi même dans une pareille scène (2), offre de plus remarquable, c'est qu'elle repose *sur trois pieds disposés en triangle*, et non sur un *arbre* dont le sommet seroit formé, comme on l'a dit, par le prétendu *masque de Phobos*. Ce *masque*, purement *bachique*, ainsi que je l'ai déjà remarqué, est placé de manière qu'il semble soutenir le fléau de la balance, dont la forme générale s'étoit déjà montrée sur des vases peints (3), telle à-peu-près qu'elle est ici, sauf cet ajustement si ingénieux et si neuf, qui n'est pas le détail le moins curieux d'une composition si bien ordonnée, bien qu'il n'ait pas l'importance mythologique qu'on lui a si gratuitement attribuée. Du reste, rien de mieux conçu, de plus savamment disposé, que cette composition elle-même. *Achille* en est le personnage principal. Il est assis sur un siége élevé, avec un *subsellium* sous ses pieds, signe non équivoque de sa haute dignité. Autour de lui sont, à gauche, un guerrier *barbu*, sans doute *Ajax*, la tête nue (4), appuyé sur sa lance ; à droite, *Ulysse barbu*, la tête couverte

(1) Il a le pied gauche élevé et placé sur un rocher, absolument dans l'attitude qui paroît avoir été consacrée pour les effigies de Neptune ; ce qui semble n'avoir eu ici d'autre motif que d'indiquer, de même que le bonnet nautique, les longues navigations d'Ulysse ; je reviendrai ailleurs sur cette idée. — (2) Cet instrument figure dans une des traditions épiques recueillies par Eustathe, pag. 1273, lin. 41. — (3) Millin, *Vases peints*, tom. I, pl. XIX ; tom. II, pl. LXI. — (4) Cette tête, qui existe en toute intégrité, mais qui s'étoit détachée, d'où vient qu'elle manque sur la lithographie, est celle d'un *héros*

du *bonnet nautique*, et, immédiatement derrière Achille, un troisième personnage vêtu et casqué, que je m'abstiens en ce moment de désigner. En face de ce groupe est celui des *Troyens debout,* au nombre de *cinq,* ayant en tête le vieux *Priam,* barbu, vêtu de la longue tunique et de l'ample péplus asiatiques, le front couvert, ainsi que deux de ses compagnons, de la *mitre phrygienne,* et tous exprimant, d'une manière variée et énergique, la désolation qu'ils éprouvent. Ici, comme dans la scène précédente, les expressions diverses dont une même affection est susceptible, se produisent à des traits si naïfs et à des attitudes si justes, les nuances en sont si judicieusement choisies et si habilement disposées, d'après l'âge, le rang, la physionomie des personnages, et il en résulte un ensemble si pittoresque, d'un intérêt si touchant, qu'il est impossible d'y méconnoître une conception originale, certainement émanée de quelque grand maître de la Grèce. Le col du vase est orné d'une représentation où se montre, d'une manière tout aussi sensible, l'imitation d'un type excellent. C'est *Diomède, ravisseur du Palladium, et réfugié sur l'autel,* dans l'attitude que nous trouvons consacrée sur tant de beaux monumens de l'art antique, et, vis-à-vis de lui, *Ulysse,* qui semble, par un geste expressif, lui indiquer le moyen d'assurer le succès de leur audacieuse entreprise. Ce même sujet, sculpté de la même manière sur un *ombilic* de patère pareil aux nôtres, avoit fait la réputation d'un de ces anciens *cœlateurs* en argent, de *Pythéas,* cité par Pline (1. Un *temple tétrastyle,* orné d'une immense guirlande, figure, sur la partie postérieure, à-la-fois comme *symbole* et comme *ornement,* dans ce système purement grec, où le moindre détail, choisi avec discernement et traité avec goût, bien que toujours réduit à la forme la plus simple, concourt à l'effet général, et fait servir la décoration même à l'intelligence du sujet.

Les deux scènes représentées sur notre second præféricule se développent naturellement dans l'ordre que voici. Toute l'action se passe au pied des *murs de Troie,* représentés au moyen de bossages, d'un beau caractère, et munis de tours carrées et de créneaux. *Hector,* les mains liées au-dessus de la tête, les pieds attachés au *char d'Achille* (2), est traîné sur

barbu, et son caractère, d'accord avec l'attitude du personnage et avec la place même qu'il occupe près d'Achille, semble ne pouvoir convenir qu'à *Ajax.*

(1) Plin. XXXIII, 12 : *Fuit deinde Pytheas, cujus.... Ulixes et Diomedes erant in phialæ emblemate, Palladium surripientes.* — (2) Cette figure est la plus maltraitée de toutes celles qui font partie de la composition. La restauration n'en sera cependant pas impossible; et c'est seulement lorsque cette restauration sera effectuée, qu'on pourra se faire une idée juste de l'ensemble et des détails de la figure en question.

la poussière. *Trois guerriers grecs*, emportés par un mouvement rapide, dans la direction de ce char, mais dans des attitudes variées, qui semblent tenir d'un sentiment de *terreur,* rappellent le groupe à-peu-près semblable qui accompagne le char d'Achille sur deux vases peints que j'ai publiés (1), et prouvent que cette circonstance étrangère au récit homérique étoit fournie par quelque tradition célèbre. C'est *Automédon* qui guide le char d'Achille; autre particularité qui se rapporte sans doute à la même tradition, et dont j'ai aussi relevé ailleurs (2) l'emploi rare en pareil cas. L'auteur de la composition qui nous occupe est sorti plus franchement encore des données homériques, dans la manière dont il a dessiné la figure *d'Achille* debout, et se couvrant tout entier d'un immense bouclier, avec son glaive nu dans la main droite; figure dont la conception neuve et hardie, la stature gigantesque, d'accord avec l'énorme bouclier, décèlent la pensée d'un grand maître, en même temps que, par un détail expressif et touchant, emprunté de l'Iliade, notre composition se rattache de nouveau aux images homériques. Au haut des murs de Troie, un *vieillard barbu*, la tête couverte de la mitre phrygienne, et une *femme échevelée,* les mains étendues, avec son voile qui flotte en désordre sur sa tête, nous montrent *Priam* et *Hécube,* exprimant leur désolation, à la même place et sous les mêmes traits que dans le poëte (3). Non loin de là, *deux Phrygiens,* munis de boucliers d'une forme amazonienne, qui est ici un trait de costume caractéristique, attendu qu'il est purement oriental (4), brandissent contre Achille le javelot court dont leur main droite est armée. C'est encore ici l'un de ces *détails* réduits à leur expression la plus abrégée, qui caractérisent éminemment le génie pittoresque de l'art grec.

La seconde scène, qui occupe l'autre moitié de la circonférence de notre vase, représente, dans le groupe principal, la *mort d'Achille.* Le héros, blessé au talon droit de la flèche fatale (5), est renversé sur le genou gauche; sa tête penchée, ses mains défaillantes, toute son attitude, admirablement rendue, annonce une mort prochaine. *Trois guerriers* ennemis, qui attaquent de front, sans doute *Enée, Pâris,* nommés, dans une scène semblable, sur un vase de Canino (6), et *Glaucus* ou *Agénor,* désigné par Dictys de Crète (7), disputent ce corps mourant aux héros grecs qui le défendent. Le redoutable fils de Télamon, *Ajax,* se reconnoît, entre ces héros, à son action énergique, sur-tout à son

(1) *Monum. inéd.* Achilléide, pl. XVIII, 1. et 2. — (2) Au même lieu, p. 86, note 5. — (3) Homer. *Iliad.* XXII, 405-408. — (4) On a vu ici une *espèce d'écu,* expression fort singulière pour un bouclier amazonien.—(5) Hygin. *Fabul.* 107 et 113; conf. Intt. *ad hh. ll.* — (6) *Catalogo,* &c., n. 544, p. 66. — (7) *IV, 18.*

immense bouclier, dont il couvre Achille tout entier et lui-même. Un autre héros, dont la figure ne se dessine qu'à moitié sur le bas-relief, peut-être *Néoptolème*, un des Grecs nommés sur le vase de Canino, combat au premier rang pour la même cause. Ce qui me détermine à chercher, sur le vase en question, de préférence aux témoignages mythologiques qui nous restent, l'explication de la scène qui nous occupe, c'est, indépendamment de l'antiquité de ce vase, sans doute très-supérieure à celle des écrits post-homériques de Dictys, d'Hygin ou de Quintus de Smyrne, l'observation décisive, que, sur le vase de Canino, comme sur notre præféricule, les groupes de personnages se correspondent de manière à prouver qu'ils dérivent d'une tradition commune. Ainsi, aux pieds du guerrier troyen, qui ne sauroit être qu'Énée, est un personnage renversé à terre, dont on ne voit que la partie inférieure du corps (1); de même qu'au devant du héros grec, qui combat derrière Ajax, apparoît la figure entière d'un Grec mourant, appuyé sur son bouclier; deux groupes qui se retrouvent sur le vase de Canino, le dernier desquels nous offriroit, suivant les indications fournies par ce vase, *Ménélas* et *Nirée*. Mais, dans aucun cas, on ne sauroit voir, comme on l'a fait, dans ce dernier groupe, *Achille triomphant d'Hector*; d'abord, parce qu'il faudroit admettre sur notre vase *trois actions* au lieu de *deux*, ce qui est contraire à toute analogie; en second lieu, parce que les figures prétendues d'Hector et d'Achille sont placées dans le même sens, l'une au devant de l'autre (2), disposition qui n'est pas moins contraire à l'hypothèse d'un combat entre ces deux personnages; et enfin, parce que le guerrier mourant, quel qu'il soit, est un *Grec*, et non *Hector* ou tout autre Troyen; ce qui résulte positivement de la forme de ses armes, et sur-tout de son bouclier argolique, trait essentiel du costume qui distingue sur notre vase les Grecs et les Troyens. Quant à la *Victoire*, placée dans cet endroit de la composition, volant les ailes éployées, avec une palme et une couronne, elle est là manifestement pour indiquer, par sa présence, l'issue de la lutte qui dure encore entre les deux partis, au sujet du corps d'Achille que chacun d'eux se dispute. Je ne dois pas omettre de remarquer le *masque de Silène*, placé entre les deux actions principales, au point même où elles se séparent, et qui n'a bien évidemment, dans ce cas-ci, comme dans l'autre, que le motif d'ajustement précédemment indiqué, et non l'intention symbolique qui ne

(1) Cette figure a été complètement omise sur la lithographie. — (2) Je ne sais où l'on a vu *Achille traînant Hector et le perçant de son épée*. Il n'y a pas, la moindre trace de cela sur le vase, non plus que sur la lithographie même, pl. III, toute imparfaite qu'elle est.

seroit fondée ici à aucun titre, non plus que sur aucune circonstance du sujet.

Le col de notre præféricule est orné d'un sujet dont la vraie explication est facile à saisir, pour peu qu'on ne s'éloigne pas du système de composition dans lequel sont exécutés nos deux vases ; attendu que, dans les productions de l'art grec, tout se lie et se développe sous l'influence du même principe. En effet, on y voit *deux héros* qui semblent délibérer entre eux sur quelque entreprise importante, et l'un de ces héros est manifestement *Ulysse*, puisqu'il se produit ici absolument sous les mêmes traits que nous l'avons vu précédemment, et à la même place. Il y a donc toute raison de croire que l'autre héros est *Diomède*, comme sur ce premier vase. La *peau de bête* dont il se montre revêtu est celle qui couvroit Dolon, au moment où l'imprudent Phrygien, qui cherchoit à s'introduire ainsi déguisé dans le camp des Grecs, est surpris par Diomède et par Ulysse (1). Le moment représenté sur notre vase est donc celui où les deux héros grecs, vainqueurs de Dolon et maîtres de sa dépouille, délibèrent à leur tour sur la conduite de l'audacieuse ambassade dont ils sont chargés. Ici, comme sur le vase précédent, Ulysse est représenté dans l'attitude du *conseil*, et Diomède a pareillement, sur les deux vases, l'attribut de l'*action* ; sur l'un le *palladium*, sur l'autre la *dépouille de Dolon* : d'où l'on voit avec quelle justesse les données fournies par le sujet se combinoient, dans les compositions de l'art antique, de manière à offrir toujours une action claire et précise. Tous les accessoires concourent de même à l'intelligence du sujet. L'*arbre* indique la campagne où Dolon a été tué ; l'*autel*, surmonté de trois *têtes de bélier*, se reconnoît, à ce signe, pour un autel *funèbre* ; et le *vase cinéraire*, dressé sur un cippe carré, ne se rapporte pas moins évidemment à la même intention.

Je ne pourrois, sans excéder de beaucoup les bornes où je dois me renfermer quant à présent, indiquer toutes les particularités curieuses de style, de travail ou de costume, qui distinguent les quatre grandes compositions homériques que je viens de décrire. Je ne me permettrai qu'une seule observation générale sur la manière dont sont traités les sujets en question, au moyen d'un mélange d'*argent* et d'*or*, qui tient à ce système de sculpture polychrôme, duquel il ne nous étoit peut-être encore parvenu, sur aucun monument, d'application plus sensible et plus heureuse. Tous les *nus* des figures ont la couleur naturelle de l'argent, tandis que les *armes* et les *vêtemens* sont dorés : mélange plein

____

(1) Homer. *Iliad.* X, 334.

d'harmonie, de richesse et de goût, dont la *toilette d'une dame romaine*
n'avoit pu nous donner qu'une idée imparfaite, parce qu'elle appartient
aux temps de la décadence de l'art, tout en nous apprenant combien
étoit profondément enraciné dans les habitudes de l'art antique ce système, dont, il y a quelques années encore, on révoquoit en doute l'exis-
tence, dont on étoit allé jusqu'à combattre le principe, malgré les nombreux témoignages qui s'offroient dans les auteurs, et malgré les preuves
sensibles qui se montroient sur les monumens, mais dont il suffiroit d'un
seul monument tel que les nôtres pour constater le vrai caractère, et
presque pour révéler tout le génie. Sous ce rapport, aussi bien que
sous celui du procédé matériel qui les a produits, on peut dire sans exa-
gération que notre collection d'objets d'argent nous a rendu une branche
de l'art grec toute entière.

Les deux vases que je décrirai en second lieu, et qui mériteroient
d'occuper le premier rang dans notre collection, s'il n'étoit question que
de la perfection du travail et du goût de la décoration, sont deux
vases, n.ᵒˢ 13 et 14, qui ont été d'abord désignés par le nom de *vases à
eau lustrale*, et qui peuvent bien en effet avoir servi à cet usage, lequel
étoit notoire, habituel et constant dans l'antiquité grecque et romaine;
tandis que le nom de *kymbé*, qu'on a donné d'autre part à ces vases, est
tout-à-fait arbitraire, comme la plupart des dénominations sous les-
quelles on affecte maintenant de désigner les vases antiques. Il suffit
d'ailleurs d'observer que la *kymbé* grecque, quelle qu'en fût la véritable
forme, étoit un vase qui n'avoit ni *base*, ni *anses* (1), pour être assuré
que les deux nôtres, qui sont pourvus de ce double appendice, ne sauroient être des *kymbé*.

A la vérité, nous ne savons pas davantage quelle fût la forme la plus
habituelle du *vase à eau lustrale* chez les Grecs. On voit souvent, sur
les vases peints, une espèce de *seau* muni d'une anse mobile, qui paroît avoir servi à cet usage, attendu qu'il est presque toujours porté par
des personnages d'un ordre mystique (2); et des vases tout pareils se
trouvent dans nos collections. Mais il semble que le vase contenant
l'eau lustrale dont on aspergeoit les dévots, et placé, à raison de
cela, sous le pronaos des temples (3), avoit la forme de bassin, c'est-à-dire;

(1) Doroth. *apud.* Athen. XI, 63, p. 481 : Γένος ποτηρίων βαθέων τὰ κυμβία καὶ ὀρθῶν,
πυθμένα μὴ ἐχόντων, μηδὲ ὦτα. Aucun des traits de cette description n'est appli-
cable à nos vases. — (2) Il en existe tant d'exemples, qu'il suffira de citer les
vases publiés par Millin, tom. II, pl. LI, LII, LIII. — (3) Le témoignage le plus
positif à ce sujet est celui-ci d'Euripide, *Ion.* 435 (438 Matthiæ): ἐλθὼν εἰς
ἀπορραντήρια, δρόσον καθήσω ; *voy.* Visconti, *Mus. P. Clem.* V, XXXIII, 62.

de *patère*, ainsi qu'il résulte positivement du témoignage de l'inscription attique où il est question d'une de ces *patères d'or*, scellée pour cet usage, sur une base, à l'entrée du Parthénon (1). Au contraire, lorsque cette sorte de vase étoit mobile, ce qui exigeoit qu'il fût muni d'anses et de pied, il semble qu'il pouvoit avoir la forme des nôtres. En tout cas, le vase en question se nommoit ἀποῤῥαντήριον, et il se fabriquoit le plus souvent en *argent* : il est fait mention d'un de ces *aporrhantérions d'argent*, consacré dans le trésor du Parthénon d'Athènes, sur un fragment d'inscription attique que je possède, et que M. Boeckh a publié (2); d'où l'on voit qu'il y a plus d'une analogie pour reconnoître l'espèce de vase dont il s'agit dans les deux qui nous occupent. Quoi qu'il en soit, l'inscription qu'ils portent l'un et l'autre, sur le bord du bassin inférieur, en lettres ponctuées, d'un beau caractère, MERCURIO AUGUSTO Q. DOMITIUS TUTUS EX VOTO, prouve qu'ils sont un don de ce Domitius Tutus, dont le nom nous est déjà connu (3), et dont j'ai essayé de déterminer l'âge, pour en déduire, avec quelque probabilité, l'époque à laquelle ces deux vases, de style et de travail grecs, auroient été consacrés au culte de Mercure, par cet opulent citoyen romain de la Gaule. Du reste, rien de plus riche que la composition représentée sur chacun de nos vases. Le système entier en est puisé dans les symboles et dans les personnages dionysiaques ; et le motif général en est emprunté du même type que celui du célèbre *vase* dit de *Ptolémée*, ou de *Mithridate*, du cabinet des antiques (4), qui est précisément de la même forme. Les personnages principaux sont un *centaure* et une *centauresse*, d'âge et de physionomie divers, opposés l'un à l'autre, et accompagnés de plusieurs *génies bachiques*, la plupart ailés et de sexes divers, de *petits satyres* en attitudes variées, et d'une foule de symboles et d'attributs dionysiaques distribués avec un art infini, exécutés avec un goût exquis. Au nombre des objets accessoires qui servent

(1) Boeckh, *Inscr.* n. 138, l. 6, p. 184 : Ἐν τῷ προνηΐῳ φιάλη χρυσῆ, ἐξ ἧς ἀποῤῥαίνονται, ἄσταθμος. La célèbre *patère d'or*, du cabinet des antiques de la Bibliothèque du Roi, pourroit fort bien avoir servi à cet usage. — (2) Boeckh, *ibid.* n. 137, l. 5, p. 184 : [Ἀπο]ραντήριον ἀργυροῦν ἄσταθμον. A la vérité, ce vase étoit *scellé*, ce qu'indique le mot ἄσταθμον, aussi bien qu'un autre *aporrhantérion*, aussi d'argent, désigné sur une autre inscription attique, *ibid.* n. 141, l. 6. (3) Voy. plus haut, pag. 11, 13, et 16. — (4) Ce vase a été publié par D. Félibien, *Hist. de S. Denys*, p. 344, pl. IV, et par D. Montfaucon, *Ant. expl.* tom. I, part. II, pl. 167, mais de manière à ne pas rendre inutile une gravure plus exacte et plus soignée, qui accompagnera celle de nos deux vases d'argent, à cause de l'extrême analogie qui existe entre eux, et qui peut donner lieu à une comparaison intéressante.

à remplir le champ de la composition, on distingue deux *trapézophores* (1), formés par trois figures bachiques, dont l'exécution défie la perfection des plus beaux camées, et chargés de vases divers, de la forme de *rhytons*, de *cratères*, de *calices*, avec cette particularité, qui me semble tout-à-fait neuve, que les rhytons sont maintenus en une position verticale sur la table, au moyen de tiges métalliques garnies d'un anneau à leur extré-mité supérieure. Cette table est proprement ce que l'on appeloit chez les anciens *mensa delphica* (2); et les vases sacrés qu'on y exposoit, dans les grandes solennités religieuses, s'y trouvoient soutenus de différentes manières, à raison de leurs formes diverses. Il nous en étoit parvenu quelques témoignages (3); et nous en avons ici un exemple sensible, qui sert de plus à nous expliquer le véritable sens d'une expression grecque assez singulière pour avoir embarrassé l'un des plus habiles philologues de nos jours, M. Boeckh (4). De grands vases, de la forme de Médicis, concourent à l'ornement de la composition, et offrent de plus un inté-rêt particulier, par les sujets traités en bas-relief dont ils sont décorés. On y reconnoît, sur l'un, un groupe d'*Ulysse enivrant Polyphême*; sur un autre, les *Dioscures enlevant les Leucippides*; sur un troisième, un *Guerrier grec à cheval combattant une Amazone à pied*, représentation

(1) *Voy.* au sujet de cette sorte de meubles antiques, Visconti, *Mus. P. Clem.* V, x, 18-20. — (2) Pitiscus, *Lexic. ant. rom.* II, 180-181, a réuni tous les témoignages des anciens sur ce point. — (3) Sur cette sorte de meubles propres à maintenir debout les vases de la forme de lécythus, d'amphore, &c., et nommés, en général, ἀγγοθήκη, on peut consulter Buonarotti, *Vetri antichi,* p. 213. Il y a lieu de croire qu'ils étoient le plus souvent de *bois*, d'après un passage d'une inscription attique, Boeckh, *Inscr.* n. 159, p. 260. — (4) Il s'agit du mot περισκελές, compris dans un catalogue attique de vases et objets d'argent consacrés dans l'Acropole d'Athènes. On y lisoit la phrase suivante, citée par Athénée, XI, 51, p. 476, E: Κέρας, ἔκπωμα ἀργυροῦν, καὶ ΠΕΡΙΣΚΕΛΕ῀Σ πρόσοση; et la même phrase s'est retrouvée en partie, sur une inscription attique, conte-nant un de ces catalogues d'objets votifs, Boeckh, *Inscript.* n. 151, l. 37, p. 242. Le savant interprète de ces marbres attiques a vu, dans l'instrument désigné par le mot περισκελές, une *base munie de pieds qui auroient eu la forme de jambes :* ce qui n'offre certainement pas une image très-claire; aussi n'en paroît-il pas lui-même très-satisfait ; d'après ce qu'il ajoute : *Quamquam ne sic quidem vox plane expedita est.* Il suffit maintenant de voir comment les rhytons sont fixés debout sur la table qui les porte, au moyen de deux tiges métalliques, qui les soutiennent en guise de *jambes*, pour saisir la signification des mots, καὶ περισκελὲς πρόσοση, et pour reconnoître la forme de cet instrument attique. C'est encore ici, pour le remarquer en passant, l'une des preuves sans nombre qu'offrent nos vases, relativement à l'originalité du style grec qui les carac-térise dans l'ensemble et dans les moindres détails.

directement contraire aux traditions ordinaires, mais non pas tout-à-fait sans exemple sur les monumens de l'art grec (1). Ces figures se détachent, avec la couleur de l'argent pur, sur un fond doré; système suivi dans tous les nombreux détails de la composition entière, où je doute, pour en faire en passant la remarque, qu'aucun amateur de l'antiquité puisse trouver à reprendre *le défaut de goût, et pour ainsi dire de modération, qui règne dans l'ensemble de la décoration.* Il suffit à des yeux tant soit peu exercés, d'examiner avec quelque attention ces admirables monumens de la *cælature antique*, pour y reconnoître précisément ce degré de richesse et cette mesure de goût que comportoit la nature même de ces vases, précieux par le métal, par l'usage et par le travail; et telle est en effet la haute perfection qui y brille, sous quelques rapports qu'on les envisage, que je ne serois pas surpris que nos deux vases reproduisissent pour nous d'excellentes copies des vases de cet Acragas cité par Pline, et renommé sur-tout par ses figures de *Bacchantes* et de *Centaures* (2). C'est du reste une question qui, non plus qu'un grand nombre d'autres, relatives soit au style et au travail de nos vases, soit aux représentations mêmes dont ils sont ornés, ne sauroit être convenablement débattue en cet endroit.

(1) Je possède un vase, qui sera publié parmi mes *Monumens inédits*, où le même sujet est figuré de la même manière. Ce vase est d'une belle fabrique d'Avella, et le sujet principal représente *Médée qui égorge ses enfans.* —
(2) Plin. XXXIII, 12 : Acragantis.... Bacchæ Centaurique cælati in scyphis.

RAOUL-ROCHETTE.

PARIS, DE L'IMPRIMERIE ROYALE. Mai 1831.